This is Caravaggio

Annabel Howard

Illustrations by Iker Spozio

Text © 2016 Annabel Howard. Annabel Howard has asserted her right under the Copyright,Designs,and Patents Act 1988, to be identified as the author of this work.
Illustrations © 2016 Iker Spozio
Series editor：Catherine Ingram
Translation © 2018 Ginkgo (Beijing) Book Co.,Ltd.

This book was produced in 2016 by Laurence King Publishing Ltd., London. This translation is published by arrangement with Laurence King Publishing Ltd. for sale/ distribution in The Mainland (part) of the People's Republic of China (excluding the territories of Hong Kong SAR, Macau SAR and Taiwan Province) only and not for export therefrom.

本书中文简体版权归属于银杏树下（北京）图书有限责任公司。
著作权合同登记号：图字 18-2017-299
未经许可，不得以任何方式复制或抄袭本书部分或全部内容
版权所有，侵权必究

图书在版编目（CIP）数据

这就是卡拉瓦乔 /（英）安娜贝尔·霍华德 (Annabel Howard) 著；
（意）伊克尔·斯珀齐奥 (Iker Spozio) 插图；吴啸雷译 . —— 长沙：
湖南美术出版社，2018.6（2021.12 重印）
　　ISBN 978-7-5356-8281-9

　　Ⅰ.①这… Ⅱ.①安… ②伊… ③吴… Ⅲ.①卡拉瓦乔
(Caravaggio, Michelangelo da 1573–1610) – 生平事迹
②卡拉瓦乔，M.D.（1573～1610）– 油画 – 绘画评论
Ⅳ.① K835.465.72 ② J213.055.46

中国版本图书馆 CIP 数据核字 (2017) 第 316084 号

这就是卡拉瓦乔
ZHE JIUSHI KALAWAQIAO

出 版 人：黄 啸		著　　者：［英］安娜贝尔·霍华德	
插　　图：［意］伊克尔·斯珀齐奥		译　　者：吴啸雷	
出版策划：后浪出版公司		出版统筹：吴兴元	
编辑统筹：蒋天飞		特约编辑：张丽捷	
责任编辑：贺澧沙		营销推广：ONEBOOK	
装帧制造：墨白空间·李渔			
出版发行：湖南美术出版社　后浪出版公司		印　　刷：嘉业印刷（天津）有限公司	
（长沙市东二环一段 622 号）		（天津市静海区岩丰西道 8 号路）	
开　　本：720×1030　　1/16		字　　数：80 千字	
印　　张：5		版　　次：2018 年 6 月第 1 版	
印　　次：2021 年 12 月第 2 次印刷		书　　号：ISBN 978-7-5356-8281-9	
定　　价：60.00 元			

读者服务：reader@hinabook.com 188-1142-1266
投稿服务：onebook@hinabook.com 133-6631-2326
直销服务：buy@hinabook.com 133-6657-3072
网上订购：https://hinabook.tmall.com/（天猫官方直营店）

后浪出版咨询（北京）有限责任公司　copyright@hinabook.com　fawu@hinabook.com
本书若有印、装质量问题，请与本公司联系调换，电话010-64072833

这就是卡拉瓦乔

［英］安娜贝尔·霍华德——著
［意］伊克尔·斯珀齐奥——插图
吴啸雷——译

卡拉瓦乔肖像

奥塔维奥·莱奥尼,约1621—1625

黑色、红色粉笔和白色高光颜料,蓝色纸

23.4厘米×16.3厘米

马鲁切利亚纳图书馆,意大利佛罗伦萨

卡拉瓦乔的一生比小说更为传奇。毫无疑问，他是西方艺术史中最具创造力的艺术家之一。当他还在世时，收藏家们就企图阻止模仿者们一哄而上大肆模仿他那独创性的风格，但他们失败了。然而，这个改变了17世纪艺术进程的伟大艺术家并不是个唯美主义者：他的生活如此丰富，真的很难想象他竟然还有时间创作绘画。他死时只有39岁，却留下了17份指控他的警方报告。他杀过人、当过骑士，还从世界上最严密的监狱中越过狱。

卡拉瓦乔的出现，就像是黑夜里闪出的一颗新星。不晓得他来自何处，身归何方；他也从不听命于任何人，除了他自己。从他周围人的描述中，我们了解到他对生活的热情和自身张扬的个性。他身材矮小、皮肤黝黑，在不羁的黑发和浓眉之下有着一双能穿透人心的黑眼睛。人们惊奇地发现，他只买最好的东西，只穿黑色衣服，但又从不更换衣服，除非它们已经被彻底穿烂。他那副衣衫褴褛的打扮有时竟会被人错当成乞丐。

天使和他的魔鬼

他原名叫米开朗基罗·梅里西（Michelangelo Merisi），但历史上，人们更愿意叫他卡拉瓦乔。他生于1571年9月29日，这一天恰好是纪念跟他同名的大天使米迦勒（Michael）的节日，后者是天堂的圣战士，曾驱逐过撒旦。卡拉瓦乔诞生之时正是天主教会的多事之秋，北方有新教的兴起，东方则是奥斯曼帝国的威胁，为他取名米开朗基罗似乎有着某种预兆。他出生一周后，一支天主教舰队即在希腊西海岸的勒班陀击败了奥斯曼帝国的土耳其人，摧毁了他们将版图扩张到地中海这一端的野心。而更具象征意味的是，也阻止了伊斯兰教朝这一区域的扩张。整个意大利半岛为之欣喜若狂。

起初，人们似乎对小卡拉瓦乔寄予同样的祝福。然而当他日渐长大，人们发现他的天性更像带有复仇天使，甚至是魔鬼的印记。长大后，他变得口无遮拦、冷漠无情、盛气凌人、报复心强。但同时，他也充满智慧、自信满满、魅力无穷。他既暴力又敏感，常常在行动和反思之间摇摆。这种矛盾的个性将伴随他终身。同他的主保圣人一样，他毕其一生都在善与恶之间斗争，不同的是，那个魔鬼就是他自己，他完全是在同他自己斗争。

卡拉瓦乔的外号源于他父亲的雇主，卡拉瓦乔侯爵弗朗切斯科·斯福尔扎（Francesco Sforza）的家乡。1576年夏，瘟疫席卷米兰时，卡拉瓦乔举家搬迁至这个中世纪的要塞小镇。此时卡拉瓦乔才4岁。这场瘟疫杀伤力太大，仅头两个月就有一万米兰人染病身亡。他们逃得可谓及时，到了8月，米兰大公就下令关闭城门，禁止民众出城。

卡拉瓦乔家在这个镇上有些房产，又得到了侯爵的庇护，但不幸的是，他的祖母、祖父、叔叔和父亲都在这场瘟疫中丧生。他们家原本挺富有，但这么多人去世意味着收入骤减。显然，面对这样巨大的变化，再加上身处这样一个无聊的乡下小镇，激发了卡拉瓦乔逃离这里的欲望。确定无疑的是，1584年，13岁的卡拉瓦乔签署了一份合同，在米兰正式以艺术家学徒的身份开始自己的艺术生涯。

野性时光

从一些反常现象能看出,卡拉瓦乔在学徒时期并未专心致志、全心投入。第一,现在找不到他早期的作品。在米兰学徒的四年,加上之后在米兰和罗马之间潇洒放任的四年时间里,没有一件作品存留至今。卡拉瓦乔去世之前已声名显赫,人们争相搜寻他的作品。如果当时尚存有他早期的作品,一定会被人视为珍宝,争相求购。

第二个证据藏在他的技法之中。以当时的标准看,卡拉瓦乔创作神速。他画得太快了,甚至常常连画布的边角都没有完全画完。他似乎也从来不做准备。他没有留下一张草图,这几乎指向一个令人难以置信的事实:他从来不打草稿。红外技术也显示,他作品的画面之下没有底稿,只有极少数用湿颜料勾勒一下脸颊或手指。可以肯定的是,卡拉瓦乔从米兰老师那里没学到任何东西。不管怎样,他本人是个奇才。倘若人们真能看到他的早期作品,那一定会暴露出他创作上的笨拙,而不是经过数千小时刻苦训练的结果。

我们只能从官方记录、警察档案和个人传记中了解卡拉瓦乔的生平。总共有两本重要的传记。一本是1620年左右,由医生朱利奥·曼奇尼(Giulio Mancini)所写,他在16世纪90年代与卡拉瓦乔在罗马关系密切。这本传记虽然简短,但相当可信。第二本较长的传记由卡拉瓦乔的竞争者和敌人,画家乔瓦尼·巴廖内(Giovanni Baglione)写于1642年。巴廖内的文字较为尖刻,偶尔还忍不住要诋毁卡拉瓦乔的人品。但他对卡拉瓦乔取得成就的敬畏反倒令其在这一方面具有客观性,而后世也证明他的文字相当准确。然而,两本传记都很少提到卡拉瓦乔的早年生活,因此这段历史疑团重重。他的母亲死于1590年,当时他19岁。他卖掉了继承的遗产,与家族和过去彻底决裂,带着现金远走高飞。此后,故事就变得扑朔迷离。巴廖内曾于1603年控告卡拉瓦乔诽谤,而对于卡拉瓦乔的早年经历,他说是因为犯了谋杀罪才逃离米兰。另一份稍晚一些的记录显示,他的确因谋杀罪锒铛入狱,因此花钱请人辩护。不管发生了什么,两年后21岁的卡拉瓦乔来到罗马之时,他已是一名通晓底层生活、坚毅却身无分文的青年。

上帝之城

初来乍到的卡拉瓦乔对罗马绘画界所知甚少。这个城市是画家的天堂，同时竞争也极为激烈。在最初的三年里，他过着朝不保夕的日子。光搬家就不下十次，他总是很难在一个画室待超过几个月。

罗马比米兰的情况更糟糕，到处充斥着瘟疫的幸存者和意大利半岛各个小城邦之间争斗造成的战争流民。士兵、劳力、牧师和画家都在为生计犯难，然而在这样肮脏、拥挤而没人在意的环境中，卡拉瓦乔却如鱼得水。他跟妓女们交朋友，在街头巷尾和公共场所观察骗子、乞丐和职业扒手的各种行为。

1593年初，情况有了转机，卡拉瓦乔进入了朱塞佩·塞萨利（Giuseppe Cesari）的工作室。塞萨利是阿尔皮诺（Arpino）人，是罗马的绘画学院——圣路加学院（Accademia di San Luca）的会员，后来还被教皇克莱门特八世册封为基督骑士（因此，他还有个名字叫阿尔皮诺骑士）。塞萨利的弟弟贝尔纳迪诺（Bernardino）没有哥哥那么好的名声，六个月前因为与江洋大盗有勾连而被判处死刑，最近才刚刚得到赦免回到罗马。兄弟俩经营着一间生意红火的工作室，对卡拉瓦乔来说是个绝佳的学习场所。

年轻的偶像破坏者

虽然新环境蕴含着无数可能性，但卡拉瓦乔与塞萨利兄弟的关系却很难说有多融洽。一方面，处于这样一个充满生机而又成功的工作室里，充满了各种有趣的画家和新兴的天才。另一方面，虽然和塞萨利兄弟是同龄人，但他们高高在上，而他则处于最底层。他睡的床只是个稻草垫，他的作品——当时只是个"画花朵和水果的画家"——无聊、重复、无足轻重。

17世纪初的罗马画坛本来就乏善可陈。古典风格的复兴在富有创造力的米开朗基罗那里达到顶峰，在他去世40年后早已停滞不前。而美术学院因其保守的本性，无助于催生新的艺术，反倒助长了依照陈规旧俗创作的那一套旧东西——塞萨利兄弟的作品即是如此。

无论是出于竞争精神、永不满足的好奇心，还是纯属无聊——总之，卡拉瓦乔开始了新的尝试。最早一幅出自他手的杰作是扮作巴库斯的自画像——《生病的巴库斯》。对于当时的观众来说，最令人吃惊的是主人公的面部特征是如此特别。这不是一个理想化的人，画中的神祇既非毫无个性，也不优雅——这是一种经验主义的胜利；画中巴库斯的面孔显然就是卡拉瓦乔自己，这个有着黝黑皮肤、厚嘴唇的北方人，有着某种廉价的化妆舞会的装扮。

巴廖内幸灾乐祸地说，卡拉瓦乔因为穷得没钱雇模特，所以只能对着镜子画自己。这种解读与其说是讲述事实，更像是种轻佻的贬低。最多只是一种片面的解释。卡拉瓦乔绝不是个有耐心跟蠢人共事的人，他早就看出塞萨利兄弟出产的作品只不过是一堆大路货。这幅画具有毫不妥协的现实主义，是对古典风格那套陈词滥调的不带半点奉承的演绎，它尖锐地直指学院派标准的弊端——已经沦为艺术品交易中的套路和生搬硬套的技巧。卡拉瓦乔描绘自己面部的做法有着重要意义：他似乎要向赞助人和跟他类似的艺术家传递某种私人信息。他已然发出了改变的指令，并且挑衅地把自己精心伪装成酒神巴库斯的模样——别忘了，巴库斯也是代表混乱、激情和无政府状态的神祇。前景中高光下的桃子传递出双重含义：既代表了繁荣，同时在俚语中也代表了年轻人的屁股。卡拉瓦乔是在嘲讽艺术世界。

与塞萨利兄弟决裂

卡拉瓦乔的狂妄一部分源自他有一位牢靠的赞助人：康斯坦扎·科隆纳（Costanza Colonna）。康斯坦扎是卡拉瓦乔父亲以前的雇主卡拉瓦乔侯爵的遗孀，在卡拉瓦乔很小的时候就认识他。她似乎对卡拉瓦乔有种母亲般、保护性的爱。因为她背后有权势极大的罗马家族撑腰，在卡拉瓦乔的一生中，康斯坦扎和科隆纳家族时常给他提供订件任务，并屡屡在其危难时刻提供帮助。她从未要求过任何回报，甚至都从未买过一幅画。

《生病的巴库斯》完成后不久，他与塞萨利兄弟的关系也走到了尽头，距离他来到这里才8个月。不晓得这幅画是否他们关系破裂的直接原因，但可以肯定的是，它显然成了这位年轻助手的某种宣言，似乎在挑战工作室的地位。决裂源于一次离奇的事故：卡拉瓦乔被一匹马踢中，伤情严重，而他的老师们却将其丢弃在工作室一角，任其害上了足以致命的高烧。还是一位西西里的朋友发现他情况危急，把他送到忧苦之慰圣母堂（Santa Maria della Consolazione）的医院救治，才得以康复。塞萨利兄弟从没去看过他。尽管《生病的巴库斯》和其他几幅画都留在了塞萨利兄弟的画室，卡拉瓦乔也再没踏足过他们的地盘半步。

谁也说不清，卡拉瓦乔和塞萨利兄弟之间到底发生了什么。一种解释是，塞萨利兄弟行事谨慎，想摆脱这个麻烦不断、自命不凡的家伙。卡拉瓦乔的现实主义虽然在当时人们眼中出离常规、惊世骇俗，但也极为引人入胜。即便从卡拉瓦乔早期的试笔之作，塞萨利兄弟也一定能看出，其中所包含的知觉层面的真实感和新鲜感，势必会在随后的十年中，令其日趋成熟的作品焕发出伟大的光辉。

他们曾对卡拉瓦乔肆意侮辱和伤害，嘲笑他是个毫无技巧的菜鸟，而且还是个北方乡巴佬——在他们眼里，那个地方的人只配画百合花和苹果。然而令萨塞利兄弟害怕的是，他们突然意识到，无论卡拉瓦乔用的是什么技法，都不是从他们那里学到的本领，这些艺术手段是当时最顶尖的艺术家都全然不知的东西。此外，卡拉瓦乔似乎很擅长保护这些风格上的秘密。

科学和魔法

一位早期的仰慕者曾把卡拉瓦乔的风格形容为"自然魔法",但其实十有八九只是一点点光学效果造成的。古代人们就已经知道,当光通过小孔照到一间黑暗的房间里(暗室),会在对面的墙上投下一个颠倒的图像。距当时一百年前,莱奥纳多·达·芬奇就曾在创作中运用过这个装置,现在看来,卡拉瓦乔也用过。当时的资料曾记载,他常常在"黑暗的房间"里作画。看来,他肯定曾在某个房间的天花板上制造过"太阳光"。暗室的运用将有助于解释卡拉瓦乔作品中超乎寻常的明暗对比(就像把图像投射到画布上所产生的效果),也可以解释为什么他作品中的人物有如此高比例的左手图像(是投射器产生镜像效果的结果)。

卡拉瓦乔的"自然魔法"引发了公众的不同反应,有人爱有人恨;又因其强烈的个性,让这些对立的观点互不相让,势不两立。当然,几年内,爱他的人的势头就会压倒恨他的人,整个罗马都将谈论我们该如何称呼他的"电影式"的技法。被体制化的画家们理所应当感到焦虑:卡拉瓦乔即将变成风云人物。

贫穷和代理商

与塞萨利兄弟的决裂反倒令卡拉瓦乔不再躲在享有盛名的工作室和艺术大师的羽翼庇护之下，有机会以自己的名义进入罗马的艺术市场。

这一时期留存下来的作品大多描绘的是扮成神祇的青年男子（很少有女子），或者描绘街头的各种生活。画中的模特可能是他的朋友，而画中的道具则是他随意找到的各类物件。卡拉瓦乔为这些画注入了强烈的现实主义，压倒性地盖过了古典象征主义——这意味着，他的作品追求的并非只是绘画技巧，而是把画变成一种充满了内在的、感官的、新鲜生动的东西。

这些作品中最具独创性的作品是他几年后，即1596年或1597年创作的《酒神巴库斯》。一般认为这幅画中的模特是一位来自西西里的朋友马里奥·明尼蒂（Mario Minniti）——很可能就是把他送去医院救了他一命的那个人。明尼蒂好似穿着罗马式的宽大长袍，其实那只是一条脏脏的床单，头上的花冠则是由葡萄藤随意编成。这个暧昧的形象在神圣和世俗之间含混不清，巴库斯端着一大杯酒伸向观众，而最值得玩味是他带着肉欲的注视目光。

卡拉瓦乔开始带着这类作品寻找市场。他甚至把那些卖得好的作品复制很多件——同一构图的多种变体。来自塞萨利兄弟工作室的一个朋友普洛斯彼罗·奥尔西（Prospero Orsi）——他似乎已置自己的职业生涯于不顾，铁了心要支持卡拉瓦乔——帮他介绍了个艺术商：康斯坦丁诺·斯巴达（Constantino Spata）。这位斯巴达先生又被人称作瓦伦蒂诺大师，经营着一家1593年创立的小商店。他是艺术市场中经营小幅、廉价作品的艺术网中的一环。许多类似的商人会在街头招揽生意，但斯巴达是幸运的——他的房子正好毗邻新建成的圣王路易堂（San Luigi dei Francesi）。卡拉瓦乔经常造访该店，他们三人成了密友，经常去酒馆厮混。

酒神巴库斯

卡拉瓦乔，1596—1597

布面油画

街斗小子

事业上虽然渐有起色,但卡拉瓦乔追求刺激的心并未改变。教会下达的限制令和宵禁不能阻止他在夜间跑到街头与年轻人纵情狂欢。这帮人被称为"亡命之徒",他们衣着华丽却行为粗野。在他们眼里,生活真谛就归结为一句座右铭:"nec spe nec metv"(既无希望,亦无恐惧)。

做出这个手势就等于骂对方戴了绿帽子。官方记录表明,这是最常见的挑衅,双方会立刻开打。卡拉瓦乔想必对此轻车熟路。

吉普赛人和亡命徒

这些亡命徒朋友的行为举止,肯定为卡拉瓦乔在16世纪90年代创作的作品提供了丰富的素材。他在罗马的酒吧和妓院中发现了某种迷人的东西,于是从那时起,他经常在作品中描绘城市生活中胡乱打闹的内容。

在某种意义上,他并不孤单——吉普赛人是罗马街头生活中的重要元素,大量文学作品把他们浪漫化。到了17世纪,大量书籍文献又开始描绘他们的赌博场景。卡拉瓦乔笔下的图像就为这种恶行提供了某种感性的范例。他笔下描绘的吉普赛人和亡命之徒的非法营生毫无半点说教意味,而是充满了趣味。观众常常能从卡拉瓦乔的画面中感受到某些犯罪情节,比如这幅《老千》——表现的是一个年轻而不通世故的公子哥正被人愚弄,他天真无知,不晓得同伴那只指尖磨损的手套就是一件欺诈道具,专门用来摸做过记号的牌。这个同伴还在看他的牌,通过手势给对方打出信号,而后者正从裤子里摸出藏好的牌。

卡拉瓦乔还画过一幅画:一个吉普赛女人正给一个天真的年轻公子哥算命,表面上是给他看手相,其实是偷偷掳走他手上的戒指。这一把戏的奥妙在于,"解读"掌纹时给手掌施加轻微的压力,以此来吸引对方的注意,与此同时便可肆无忌惮地掳走对方手指上的戒指。

这些作品主题新颖,且摈弃了传统学院派的僵硬风格,恰好与当时风靡欧洲的流浪汉小说潮流相契合,那些小说讲的恰是这些生动有趣的淘气的冒险故事。卡拉瓦乔用这类作品开启了属于自己的潮流。尽管他采取手段来保护属于自己的原创性,但是复制品仍然迅速充斥了艺术市场。这幅《老千》现存有37件17世纪的复制品,17世纪20年代,许多画家靠复制卡拉瓦乔酒馆题材的作品而名利双收。卡拉瓦乔抓住了时代热点,这一突破改变了他的人生轨迹。

看手相指南

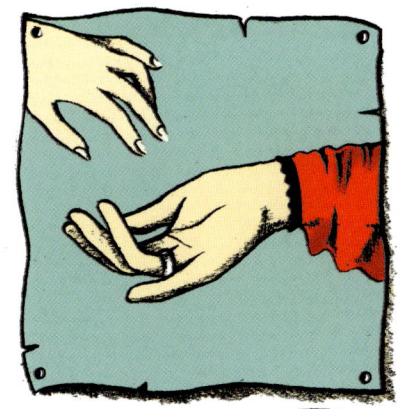

伸出手

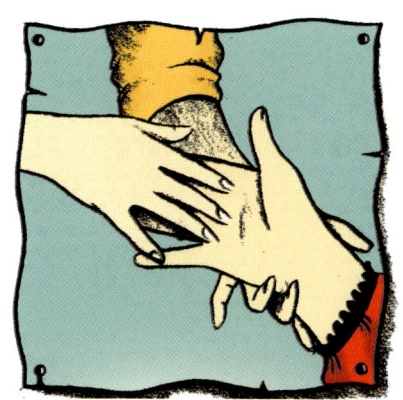

看手相

看完后

有影响力的赞助人

1595年,红衣主教弗朗切斯科·马里亚·德尔·蒙特(Francesco Maria del Monte)买下了卡拉瓦乔的《老千》。德尔·蒙特虽然不像16世纪那些红衣主教那么有钱,却同样生性好奇,是艺术品的狂热收藏者。他住在由拉斐尔设计、属于佛罗伦萨美第奇家族的夫人宫(Palazzo Madama),他曾为美第奇家族担任政治顾问和艺术顾问。巧合的是,夫人宫和康斯坦丁诺·斯巴达的商店离得很近。

同时代人尊敬地把他描述为一个乐善好施者、赞助人和慷慨而充满智慧的人。他是个忙碌而成功的外交家,同时也热衷于艺术和人文主义。其收藏遍及雕塑、古董、玻璃器、宝石、乐器、陶瓷、东方挂毯、书籍等,当然,还有绘画。

德尔·蒙特人脉广泛。幼年时在威尼斯的受洗仪式,出席者就有他的教父、画家和外交家提香(他至少收藏了四幅提香的作品),还有诗人、学者彼得罗·阿雷蒂诺(Pietro Aretino)和著名建筑师雅各布·桑索维诺(Jacopo Sansovino)等。他在罗马的朋友圈(藐视当时教会专制统治)中有大量站在17世纪前卫思潮风头浪尖的人物。他还有许多作家朋友,如诗人托尔夸托·塔索

德尔·蒙特红衣主教

乔尔丹诺·布鲁诺

米歇尔·德·蒙田

（Torquato Tasso），也曾盛情接待法国哲学家米歇尔·德·蒙田（Michel de Montaigne）造访意大利。他还赞助了一些对于现代科学有奠基意义的科学家：如吉安巴蒂斯塔·德拉·波尔塔（Giambattista della Porta），其著作《自然魔法》（Natural Magic）是最早探讨新视觉理论的著作；多明我会修士乔尔丹诺·布鲁诺（Giordano Bruno），他因为坚信多宇宙论而身陷囹圄，最终于1600年在鲜花广场附近被绑在柱子上烧死；还有最著名的天文学家伽利略，他曾给德尔·蒙特一架稀有珍贵的望远镜。

在这个圈子里，卡拉瓦乔很受人欢迎。德尔·蒙特对卡拉瓦乔的扶持不仅是买他的画，还给他在宅邸中腾出若干房间用来创作和安居。卡拉瓦乔的生活由此而改变。一边是坚强的赞助人，一边是当时地位甚高的前沿思想家，突然间，卡拉瓦乔的生活安定了下来。

爱的食物

卡拉瓦乔搬进夫人宫后，他就改变了创作主题。这位红衣主教喜欢玩一种新式的"西班牙"吉他，他一生竟然搜集了37把这样的吉他。他还管理西斯廷礼拜堂的合唱团，在罗马的60年间，有不少献给他的音乐作品。此时，音乐变得越来越职业化——变成一种有独立价值的艺术形式，而不像之前那样仅仅是宗教或戏剧的附属品。德尔·蒙特站在这些变革的前沿，他引导卡拉瓦乔把音乐作为一种新的绘画题材。卡拉瓦乔的两幅音乐题材的绘画都是为富有的朋友和邻居温琴佐·朱斯蒂尼亚尼（Vincenzo Giustiniani）所作，后者总共买过卡拉瓦乔13件作品。

《鲁特琴演奏者》有两个版本——一幅给了德尔·蒙特，一幅给了朱斯蒂尼亚尼。后一幅（右页图）是最先创作的版本，可能画于1595年或1596年。画中的男孩过于女性化，常被人误认为是女孩。嘴唇似乎涂着口红，眉毛和头发都经过精心修饰。内衣被扯开，露出了身体。他照着乐谱边弹边唱，乐谱记录得纤毫毕现，但只有音符没有文字，是当时一位时髦作曲家所作的四首牧歌之一，歌唱的都是坚贞不渝的爱情。

这幅画是爱的前奏吗？画中明显含有情色意味。男孩舌头舔着牙齿，大拇指轻柔地拨弄着琴弦，微风撩动着乐谱，桌上的梨丰润饱满，无花果熟得裂开，还有带有肉欲色彩的光照耀在花朵丝质的花瓣上。这些令人兴奋的组合中，必然有某种东西是卡拉瓦乔创作的新缪斯。也许就是那个男孩。那不同一般的面部特征、雌雄同体般的样貌、略肿的面颊似乎都在暗示他是个阉人。这很有可能：当时恰好有一批阉人歌手从西班牙来到意大利，其中有个名叫佩德罗·蒙托亚（Pedro Montoya）的从1592年起正好住在德尔·蒙特家里。

德尔·蒙特作为一个受膏的牧师，原则上理应是禁欲的，但他偏偏对这些年轻小伙子情有独钟。有一份著名的文献记载，在宴会中这些男孩装扮成女人模样，"行淫取乐"，曾引起过公众的极大愤慨。德尔·蒙特的博学和慷慨是毋庸置疑的，但并不能以此打消人们对于他和卡拉瓦乔之间是否有肉欲关系的猜测。

水果篮

卡拉瓦乔尝试创作音乐题材绘画的同期,他画了这幅著名的《水果篮》。当时,优秀的画家从不画水果——对他们来说这太简单了。即便是今天,距离卡拉瓦乔创造"静物画"的概念已过了400年,这类作品也因其主题而很容易被人忽视。卡拉瓦乔的同时代艺术家们就是如此。朱塞佩·塞萨利之类的学院派画家很难理解,为何有艺术家会在静物画上浪费生命,因此即便他们的画中有类似的元素,通常也交由助手去完成。

此时,卡拉瓦乔尽管已经离开塞萨利兄弟的工作室,当然也不再是助手的身份,但他却没有放弃静物画的创作。他不认为画水果是浪费时间。他也不只是从炫技的角度来描绘水果(尽管在创作过程中必须运用到这方面的才能)。与其他艺术家不同,卡拉瓦乔从不把静物画视为对自然世界的直接誊抄。在他看来,对现实进行仔细的研究,恰恰能为我们提供一种对世界难得的却是最基本的重塑。他给桃子、葡萄之类的静物赋予了某种感觉和智性,令其从简单的物体变成有着自身内涵的客体。它们不是理想化的水果:它们有着虫蛀,甚至已开始腐烂。它们被暴露在强光之下,叶子开始变干,葡萄表面甚至附着一层细细的霉菌。在同时代人眼里,他的这些画更像是一幅科学期刊的插图,而不是艺术。

卡拉瓦乔的新赞助人朱斯蒂尼亚尼理解了他的用意。在他们两人眼里,这个水果篮既是肖像,也是诗歌。朱斯蒂尼亚尼甚至记录下卡拉瓦乔对这一主题的评论:"正是这样的作品,能令一幅描绘花朵的作品变成一幅人像。"卡拉瓦乔不仅坚称这些作品的价值,还精心驳斥了学院派以及罗马当时一些重要艺术家和批评家的观点。他的这些言论无疑像是给"罗马艺术理论界投下了一枚重磅炸弹"。

康斯坦扎·科隆纳
也许是卡拉瓦乔最重要的保护者

红衣主教吉罗拉莫·马太
在德尔·蒙特之后,他是卡拉瓦乔重要的赞助人;他和他的弟弟卡拉瓦乔为他们的私人收藏订制作品,从而帮卡拉瓦乔提升了知名度

乔瓦尼·巴廖内
学院派风格的忠实维护者,是卡拉瓦乔的死对头

红衣主教德尔·蒙特
卡拉瓦乔最早的赞助人和良师益友

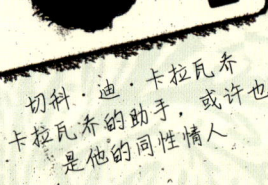

切科·迪·卡拉瓦乔
卡拉瓦乔的助手,或许也是他的同性情人

马里奥·明尼蒂
卡拉瓦乔时间最长的老朋友,也是他坚定的支持者

拉努乔·托马索尼
街头小子，麻烦制造者，好斗者，卡拉瓦乔最大的死对头

阿尔皮诺骑士
（朱塞佩·塞萨利）
卡拉瓦乔的前雇主，
学院派的大红人

卡拉瓦乔的熟人

卡拉瓦乔有许多朋友，也有许多敌人。他的才华具有等量的吸引力和排斥力；他的个性又令他打破阶级和性等普遍存在的社会藩篱。具有不同职业、性别、背景和兴趣的各色人等对他或爱或恨。卡拉瓦乔或许是喜怒无常的，但没有任何材料能说明他是谁的恋人。

费丽德·梅兰朵尼
高级妓女，大美人，
托马索尼的情人，
卡拉瓦乔的模特

奥拉齐奥·真蒂莱斯基
卡拉瓦乔的晚辈画家，支持者，同样喜怒无常，常常陷入麻烦之中

炼金术

在17世纪，最有趣也最具异国情调的东西是炼金术。在德尔·蒙特的世界中，炼金术是那些具有求知探索欲的人们科学探索的一部分——它不是魔术，而是揭示自然之谜的钥匙。他在夫人宫有一间炼金术的实验室，此外，在距离品奇阿纳城门几公里的乡下别墅——奥罗拉别墅（Casino dell'Aurora）中还有一间设备完备的蒸馏工厂。他是"愚人学会"（Accademia degli Insensati，这是一个欧洲人文主义者组成的松散团体）的成员，当然他在这个号称欧洲首个"智库网络"的庞大组织中并不十分重要。在蒸馏工厂里，他开始试验药物治疗，大多数的成功案例通过这一网络大肆宣扬，成为他炫耀的资本或引发争议的论题。

德尔·蒙特请卡拉瓦乔为这个蒸馏工厂顶层一间很小的私人房间绘制一幅关于炼金术的寓意画。卡拉瓦乔最终完成的作品，在很多方面就像德尔·蒙特实验药剂一样充满了实验性。第一，他用的是仰视角度，这就要求作者熟练掌握某种透视法，而卡拉瓦乔似乎并不擅长此道。第二，他舍弃了自己擅长的题材而选择了神话人物——朱庇特、尼普顿和普鲁托。第三，没有采用他惯用的布面而是直接画在了墙上，因此他无法使用自己熟悉的布面油画技巧。卡拉瓦乔似乎逐渐意识到自己的天赋，他已无惧任何尝试，哪怕是绘画材质。

朱庇特、尼普顿和普鲁托

卡拉瓦乔,约1597—1598

用油彩画于石膏底子的天顶
180厘米×300厘米
奥罗拉别墅,又名邦孔帕尼·卢多维西别墅,意大利罗马

老大师

　　《朱庇特、尼普顿和普鲁托》是卡拉瓦乔向米开朗基罗的西斯廷天顶画（见第40页）致敬之作，但他从那位文艺复兴艺术巨匠那里借用的东西则远不止这些。他要为这些经典主题和作品重塑形象，其中最具戏剧性效果的，非这幅《美杜莎》莫属。

　　从构思之初，《美杜莎》就蕴含着竞争的意味。德尔·蒙特定制这件作品，为的就是献给美第奇家族，因此它刻意被设计成一种外交玩笑和恭维之物。这件精心设计的恭维之作，胜过一般通用的外交礼物，为的即是博取美第奇的欢心。这个玩笑令人想起美第奇收藏中另一件著名的作品：达·芬奇绘制的一面盾牌。那件盾牌描绘的是正从岩石背后跳出来的美杜莎。据说画面相当可怕，简直都能把人变成石头（就像美杜莎本人的本领一样）。但那件作品至少从1596年起就不知所踪，所以有人怀疑它根本就不存在。

　　不管那幅画是否存在，卡拉瓦乔的这个视觉玩笑，显然指向的是特定的观众。他甚至刻意把美杜莎画在画布上，再裱到比赛用的盾牌上。当然，卡拉瓦乔比达·芬奇更进了一步。他删除了画中的风景，让观众直视这颗被斩落的头颅：显然她还活着，且被我们吓到了，就像我们被她的血腥死亡吓到了一样。美杜莎的头发——精心地按照自然描摹的一窝蛇——仿佛还在蠕动着。她像我们一样，意识到了自己的死亡。

　　这是一幅残暴的图像，其中蕴含的戏剧性让它就像是一出大戏。同时，它也是对死亡的沉思，是对意识的沉思，是一种对过往和当下艺术家的挑战。卡拉瓦乔很清楚如何制造震惊的效果，但这远不是其作品的最终目的；即便视觉效果已如此醒目，但在画面之外还另有玄机。

美杜莎

卡拉瓦乔,1597

布面油画,装裱在木头上
60厘米×55厘米
乌菲兹美术馆,意大利佛罗伦萨

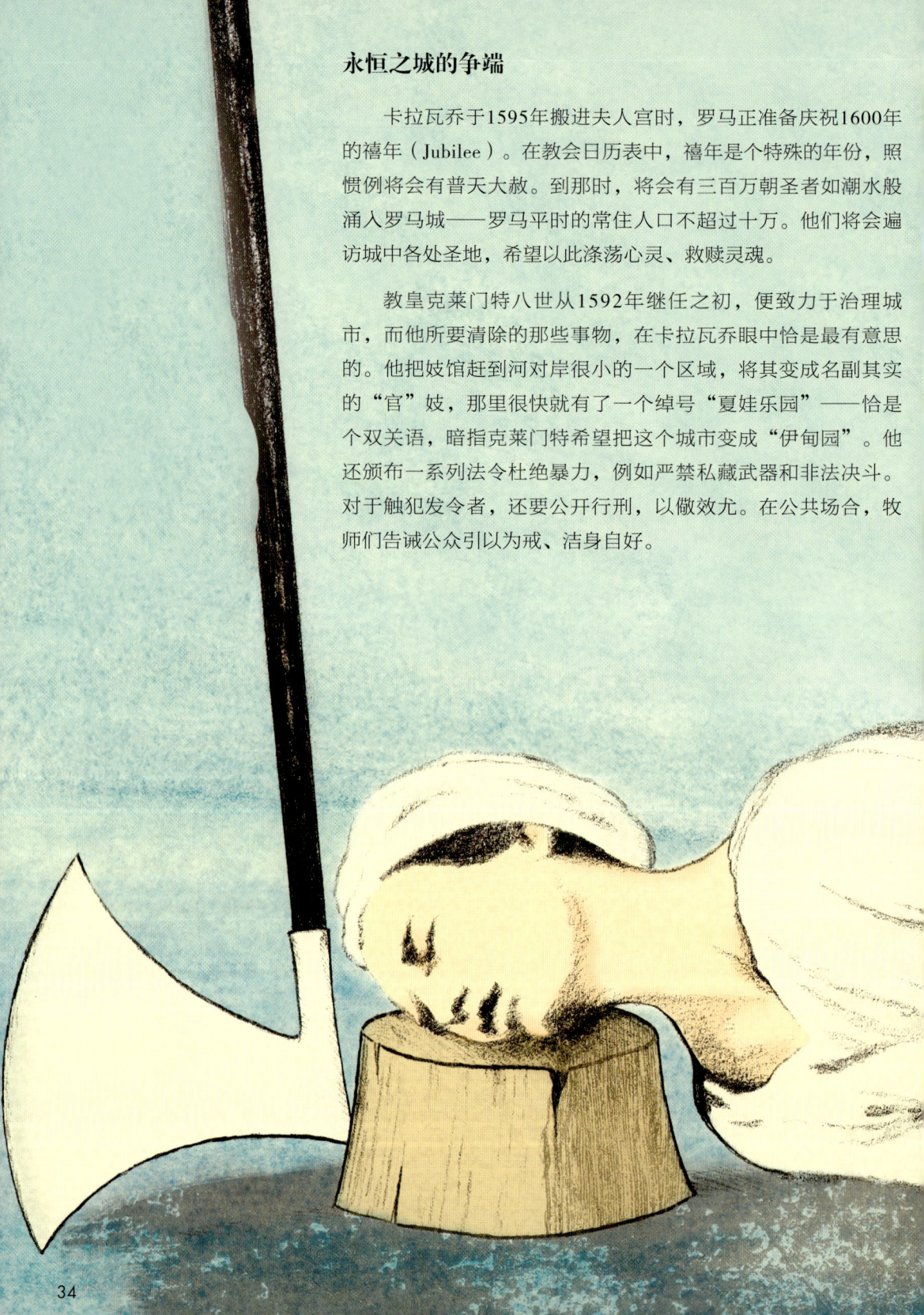

永恒之城的争端

  卡拉瓦乔于1595年搬进夫人宫时，罗马正准备庆祝1600年的禧年（Jubilee）。在教会日历表中，禧年是个特殊的年份，照惯例将会有普天大赦。到那时，将会有三百万朝圣者如潮水般涌入罗马城——罗马平时的常住人口不超过十万。他们将会遍访城中各处圣地，希望以此涤荡心灵、救赎灵魂。

  教皇克莱门特八世从1592年继任之初，便致力于治理城市，而他所要清除的那些事物，在卡拉瓦乔眼中恰是最有意思的。他把妓馆赶到河对岸很小的一个区域，将其变成名副其实的"官"妓，那里很快就有了一个绰号"夏娃乐园"——恰是个双关语，暗指克莱门特希望把这个城市变成"伊甸园"。他还颁布一系列法令杜绝暴力，例如严禁私藏武器和非法决斗。对于触犯发令者，还要公开行刑，以儆效尤。在公共场合，牧师们告诫公众引以为戒、洁身自好。

当时最受瞩目的事件是钦契家族的案件。1598年9月9日，堕落而残暴的弗朗切斯科·钦契（Francesco Cenci）伯爵被人发现死在罗马东北他自己城堡外的垃圾堆中。传言说，他与第一任妻子所生的女儿比阿特丽斯和他的第二任妻子卢克雷齐娅曾被他虐待了很多年。于是人们很快将钦契伯爵的离奇之死归罪到她们身上。比阿特丽斯经受了残酷拷问，这位年轻美丽而又镇静的女人拒绝认罪。这一事件霎时间闹得满城风雨，经过长达一年的漫长审判，比阿特丽斯最终还是以弑父罪被判处死刑，连带受刑的还有她的继母卢克雷齐娅和哥哥贾科莫。比阿特丽斯和卢克雷齐娅一同被斩首示众，贾科莫则先被烧红的钳子烫得遍体鳞伤，然后再用木棍猛击头部毙命。他的尸体还被分尸。这一事件中，教皇做得太过分了。公众于是纷纷要求为此制定一项新法律：诽谤应该变成一种犯罪。

尽管有——或者说因为有——这些新法令，卡拉瓦乔反倒更热衷于街头打闹，依然无视法律，我行我素。1598年的一份法律文献记载，有人指证看见卡拉瓦乔在某晚11点后携带武器。这肯定不是最后一次。

暴力的天性，暴力的艺术

　　卡拉瓦乔有超过三分之一的作品都涉及暴力主题，其中，斩首显然是他最喜欢的题材之一。请注意，除了《美杜莎》之外，其他斩首故事都取材于宗教故事。这一时期，人们鼓励画家以暴力死亡的方式来描绘圣徒殉难，甚至要求画家把圣徒临刑时的神情姿态描绘得栩栩如生，令人有现场围观之感。在如此背景下，卡拉瓦乔作品中表现出的暴力也就不足为奇了。但卡拉瓦乔的作品之所以令人信服，主要还在于他对细节的铺陈罗列，以及对光影和动作的精心设计。他有着操控画面的天赋，通过为画面赋予一种生气勃勃的自然主义，他的作品充满了现代电影才具有的那种戏剧性和生活感。

　　但还是有人认为他的做法过于极端了。17世纪另一位更具古典气质的艺术家安尼巴莱·卡拉奇（Annibale Carracci）曾评价卡拉瓦乔的《犹滴斩杀荷罗孚尼》——"太真实了"。对于这幅更早一点的《美杜莎》，一些评论家认为画中斩头的一幕太逼真太恐怖了——血从脖子动脉喷溅而出——太可怕了，简直如同现场回放。

　　而另一些人指责的不是整体风格，而是具体细节：犹滴凸起的乳头，还有，她的面容像极了纳沃纳广场那个名叫费丽德·梅兰朵尼（Fillide Melandroni）的妓女。年轻一代的艺术家们如阿尔泰米西娅·真蒂莱斯基（Artemisia Gentileschi）等人很快发现了卡拉瓦乔的天才，受其启发获益良多。从最初开始，人们对卡拉瓦乔的评价永远都是毁誉参半。

犹滴和荷罗孚尼（局部）
阿尔泰米西娅·真蒂莱斯基，约1614—1620

布面油画
162厘米×199厘米
乌菲兹美术馆，意大利佛罗伦萨

关于倒影

《美杜莎》和《犹滴斩杀荷罗孚尼》中充满了暴力和狂妄不羁的色彩,而同一时期的《那喀索斯》则更为沉静。在卡拉瓦乔的职业生涯中,这一相同的构图他至少画过八次。这也就是为什么他的《那喀索斯》这么受欢迎的原因之一。在奥维德的《变形记》中,那喀索斯是个俊美的青年,有一天他在一汪池水中发现了自己的倒影,并爱上了它。从此他痴迷于自己的美貌,对现实中的一切再无兴趣,最终憔悴而死。

那喀索斯代表了危险本身,同时也表示了脱离现实的危险。也许卡拉瓦乔把两者合二为一了——他终其一生都在探索再现和现实之间的关系。在《那喀索斯》这幅画中,他反思了相信倒影的危险。那喀索斯俯身看着池水,他忘记了产生倒影的表面其实什么都不是,只是水而已。也许这幅画本身即是一种提醒,提醒他自己:千万不要相信或信任镜中之人。

当然,此时的卡拉瓦乔给后辈画家所展示的自负,并未真正反映他当时的真实状况——到了1599年他仍未能获得一件公共订件。但幸运的是,情况正在悄然改变,在斯巴达的商店和夫人宫附近的圣王路易堂中正在酝酿着一段故事。

突破

1599年，圣王路易堂的牧师们陷入了恐慌。大约35年前，法国的红衣主教马太·孔塔莱利（Matteo Contarelli / Mathieu Cointrel）曾为教堂的某个葬礼礼拜堂投过很少一笔钱。随着禧年的临近，礼拜堂的整体修饰被一再延误，牧师们担心将无法按时完工。

于是，德尔·蒙特派卡拉瓦乔前去解困。被位高权重的主教逼入绝境的牧师们只好孤注一掷，把这个庞大工程交由这位籍籍无名的艺术家。这是两幅三米乘三米的画布，他们为此支付了200斯库多（Scudo，意大利古银币——译注）。老实说，这一数目并不算多，当年德尔·蒙特为那幅《老千》还支付了8斯库多。如果卡拉瓦乔不负众望漂亮地完成这一任务，他将获得更多回报和更好的订件。倘若失败，那他后半辈子就只能靠画风俗画过活了。这是一次豪赌。

祭坛左侧的这幅画，画的是与孔塔莱利同名的、当时身为税吏的圣马太受基督召唤的场景。卡拉瓦乔再次采用了绘制私人作品时所用的经验主义和自然主义的各种细节。画面的场景显然是当时罗马的小酒馆——肮脏、昏暗，充斥着骗子和亡命徒等三教九流之辈。基督从右侧进入画面，头顶射入的亮光恰好照着他头顶精致的光环上，也照在圣马太疑惑的面孔和手上。"真的是我吗？"圣马太问道。卡拉瓦乔把他熟悉的世俗场景和圣经主题结合在一起，把基督画得非常平易近人。

带有一贯的野心和自信，这一次，卡拉瓦乔又引用了罗马城中最负盛名的作品之一：米开朗基罗西斯廷天顶画中的《创造亚当》。基督对着圣马太貌似无力却庄严凝重的一指，像极了米开朗基罗天顶画中上帝赐予亚当生命的那一指。

创造亚当（局部）
米开朗基罗，约1512

湿壁画
280厘米×570厘米
西斯廷礼拜堂，梵蒂冈

圣马太殉难

卡拉乔, 约1600

布面油画
323厘米×343厘米
圣王路易堂, 意大利罗马

胜利

　　卡拉瓦乔为礼拜堂创作另一幅作品的过程有点纠结。这一次，他画的是《圣马太殉难》。这幅画构图复杂、人物巨大，他画了两遍才最终满意。最终，他画出了远超预期的效果，远不止是祭坛画或者受难场景图。

　　圣马太并未如人们颂扬的那般羽化升天，而是孤独、凄惨、无助地死在残暴黑暗的罗马街头。画中没有一点神圣超凡的味道——即便是画了一个天使在一块雕塑般的云朵上努力保持着平衡，给绝望的圣人递下一枝代表胜利的棕榈叶。

　　除了表现人类的痛苦，卡拉瓦乔还为观众营造了戏剧化的效果。因为礼拜堂与教堂的侧廊垂直正交，观众一进来首先看到的是画面右侧的那个孩子，仿佛听到他正要逃离受难现场时的无声尖叫。卡拉瓦乔懂得如何吊足观众的胃口。观众跟着画中孩子的目光，把注意转到画面中央。画中央的一幕极为紧张激烈，以至于其他人都被赶得向四周散开。背景中最远处的那个留着胡须、被照亮的面庞，映照出观众的反应。他像我们一样，稍稍地退居事件之外。他的目光带着好奇，或许还带些惆怅，但他是消极的，并不想介入其中。事实上，他只是这一场景的目击者——正是卡拉瓦乔本人。

　　在罗马，观众对这两幅画的反映极为强烈，关于它们的消息很快如野火般遍布各地。当然，评价也并非都是好评。其中最值得注意的评价来自圣路加学院的主席费德里科·祖卡罗（Federico Zuccaro）。他说，这些画作"过于真实了"，因此缺乏想象力。他对这些作品不以为然，宣称实在看不出究竟有什么好。

　　不管学院派怎么评价，卡拉瓦乔这颗新星已冉冉升起。德尔·蒙特无法负担卡拉瓦乔的高昂价格，建议他搬到邻近的马太宫，那里是富有而虔诚的饱学之士、红衣主教吉罗拉莫·马太（Girolamo Mattei）的府邸，还住着红衣主教的伯父西里亚克（Ciriaco）和父亲阿斯德朗贝勒（Asdrubale）。马太主教在卡拉瓦乔随后的职业生涯中扮演着重要角色，他不仅购买卡拉瓦乔的作品，还帮其建立卓越的声誉。同时，德尔·蒙特依然是卡拉瓦乔生命中的支柱，如1604年当画家身陷囹圄时将其保释出来，也曾买过卡拉瓦乔本人画的他晚期更贵作品的仿制品。

荣誉守则

祖卡罗可以对卡拉瓦乔的画不以为然,然而整个罗马都对他刮目相看。随之而来的是声誉日隆和陆续而来的订件。圣马太那两幅画安装完毕后不久,卡拉瓦乔接下了一个订单,为圣玛利亚波波洛教堂的迪波里奥·塞拉西(Tiberio Cerasi)礼拜堂绘制两幅画,整个朝圣之旅中的一个重要教堂。

画的主题是罗马教廷的奠基者圣彼得和圣保罗。圣彼得的那幅画的是他的殉难:面带惊恐的老人被倒钉在十字架上,三个劳力正把十字架拉起。画面唯一与传统图像相一致的是圣彼得的姿势(他被倒钉在十字架上,这与基督的死法不同),还有前景中的色彩(圣徒通常的标识是蓝色或黄色的长袍)。最终,这幅画成为卡拉瓦乔的另一场胜利。

卡拉瓦乔不断创作杰作,但他的个人生活却始终无法安定。1600年秋,他与一名雇佣兵用剑决斗,卡拉瓦乔打赢了,也刺伤了对方。那人诉诸法庭,最终以赔钱的方式庭外和解。同年11月,卡拉瓦乔又攻击了一个名叫吉罗拉莫·斯帕帕(Girolamo Spampa)的年轻画家,这次结果没那么简单。那天晚上,斯帕帕从美术学院回家途中,事先埋伏的卡拉瓦乔从背后攻击了他。所幸的是,斯帕帕并未因此丧命。

卡拉瓦乔有一副暴脾气,但在罗马的那些日子里,他的暴力行为也不是毫无端由的。有些人有着不同常人的荣誉守则,他们会采取以牙还牙的暴力手段捍卫自己的名誉。最典型的例子是毁容(把脸划破),这是一种对付极端无礼和羞辱时的报复方式。斯帕帕只是个老实的学院学生,他有可能只是复述了院长祖卡罗对于卡拉瓦乔作品的评价。但在卡拉瓦乔看来,只有真的给他刺上一剑,才算是真正的报复。

圣彼得殉难

卡拉瓦乔，约1601

布面油画
230厘米×175厘米
圣玛利亚波波洛教堂，意大利罗马

圣保罗皈依,赴大马士革途中
卡拉瓦乔,1601

风格间的生死对决

迪波里奥·塞拉西想用钱买到最好的艺术。他愿意冒险用一用卡拉瓦乔这颗新星,但同时,他又把礼拜堂的祭坛画交给了顽固的学院派艺术家安尼巴莱·卡拉奇——即曾批评卡拉瓦乔《犹滴斩杀荷罗孚尼》"太真实"的那个画家。于是,这里成为卡拉瓦乔和学院派的生死对决。

尽管塞拉西礼拜堂的作品最终大获成功,但卡拉瓦乔的创作过程充满了艰难。也许是对巨大的尺幅缺乏经验,再加上那边卡拉奇的出色发挥,卡拉瓦乔的最初方案并未通过。他被迫陷入反思,最后决定还是得拿出自己的杀手锏:凝练的叙述、神秘的暗调子,以及对比强烈的用光。这一切在这幅《圣保罗皈依,赴大马士革途中》中体现得淋漓尽致。扫罗(圣保罗的原名),这位曾经的罗马士兵和基督教徒的迫害者,在强光的照耀下跌落马下。他在堕地时听到了上帝的声音,于是弃绝往尘,改名为保罗。

卡拉瓦乔的处理手法令人产生共鸣,且富有诗意。观众轻易地被卡拉瓦乔带到圣保罗的宗教迷狂之中,回过神来细看画面,才发现还有一位被遗忘的仆人,以及刚从惊吓中恢复过来的呆滞的马儿。构图优美而简洁。卡拉瓦乔甚至还腾出手来耍了一把粗鄙的幽默:当时的观众没有发现,画中马的屁股正好对着卡拉奇的作品,后者高高地挂在祭坛上,正好位于卡拉瓦乔两幅画的中间。

圣母升天(局部)

安尼巴莱·卡拉奇,1600—1601

布面油画
245厘米×155厘米
圣玛利亚波波洛教堂,意大利罗马

性爱之剑

有人形容卡拉瓦乔在作品中"挥舞着性爱之剑"。不管这种说法是否准确,至少1602年他为私人绘制的这幅《胜利的爱神》确实如此("爱情可以征服一切",在英文中常常对应为"胜利的爱神")。画面中,一个男孩从凌乱的床上滑落,他背后的地上堆满了各种物件,显然是各种文化、知识、志向的象征。卡拉瓦乔采用的不是米开朗基罗传统中那种理想化的男孩,他过于真实了,显得厚颜无耻、近乎猥琐,加上还有一对人造的翅膀和脸上的潮红。这幅画是为老于世故的朱斯蒂尼亚尼所作,但即便是他看了这幅画,也心有顾虑地将其藏在天鹅绒布之下。

这幅画提供了不少有关卡拉瓦乔自身性取向的线索。此画完成后不久,英国旅行家理查德·西蒙兹(Richard Symonds)曾在第一时间见过,他说画的就是卡拉瓦乔"自己身边的男孩或跟从他的仆人"。这句轻描淡写的旁白不仅暗示出卡拉瓦乔是个同性恋,而且还表明这似乎是当时众人皆知的事实。1605年的户籍资料证实,当时有个名叫弗朗切斯科的男孩和他同居。几乎可以肯定的是,这幅画的模特就是卡拉瓦乔的这位助手,外号叫作切科(Cecco)。

很难猜测卡拉瓦乔创作此画的意图,因为他常常在现实主义和戏仿之间游离,特别是这些描绘男孩和具有性意味的图像。当年在米兰,米兰绘画界的超级明星是朱塞佩·阿尔钦博托(Giuseppe Arcimboldo),他最擅长用无生命的蔬菜水果拼接出人脸和人像,以此来影射道德寓意。卡拉瓦乔有着同样的自负,而他采用的方式,则是在《有放在石台上的水果的静物》中表达污秽的情色双关。

但这幅《胜利的爱神》却是在玩火。几周后,他自己反倒成了公众嘲讽的对象。卡拉瓦乔可不吃这一套,他决定报复,这也导致他真正开始严肃地触犯法律。

胜利的爱神（爱情可以征服一切）

卡拉瓦乔，约1602

布面油画

156厘米×113厘米

柏林国家博物馆绘画馆，德国柏林

诽谤

尽管《胜利的爱神》被朱斯蒂尼亚尼藏了起来，还盖上了布，但有关它的消息却很快传遍了罗马的大街小巷。作为回应，卡拉瓦乔的竞争者和未来的传记作者巴廖内立刻创作了《神圣的爱和世俗的爱》，并于1602年8月29日在圣路加学院展出。画的是一个被亮光照耀的天使正在踩踏两个倒地的男子。又老又黑的那个迅速避开了，似乎感到了羞耻；而年轻漂亮、全身赤裸只系了一条腰带的那个，却很陶醉。后一位的面孔竟然与切科极为相像。

这幅画极为成功，于是巴廖内又画了第二幅。那幅画中，年老者的头转了过来，很明显画的是卡拉瓦乔的面孔。此画立刻被朱斯蒂尼亚尼的哥哥收入能与其弟相媲美的收藏中。卡拉瓦乔感觉受到了极大的侮辱。

卡拉瓦乔报复心很强，但他并不鲁莽——至少这一次不是。他等了七个月，直到巴廖内最负盛名的某件作品即将揭幕之前，他匿名在罗马各处散布关于他的诽谤性诗歌。诽谤是一项死罪，但这并不能阻止卡拉瓦乔，他把巴廖内称为"乌龟王八绿帽子"，或者取个谐音"coglione"（俚语意为"傻瓜"）。此外，他还攻击巴廖内的朋友萨里尼（Mao Salini），说巴廖内应该把他自己的画"插到萨里尼太太的下体，因为他已经不再上她了"。

神圣的爱和世俗的爱
乔瓦尼·巴廖内，1602

布面油画
240厘米×143厘米
国家古代艺术美术馆，巴贝里尼宫，意大利罗马

逃往洛雷托

1603年9月11日,卡拉瓦乔和他的朋友们因为对巴廖内过火的行为而被捕,他们发现在新的诽谤法下,自己将面临非常严重的指控。面对可能的漫长刑期,卡拉瓦乔依然保持着死不松口的姿态。他坚称一点:他认为巴廖内既无能又无知,他说"我从未见过任何一个画家认为……(他)是个好画家"。案子一直被拖到9月底,卡拉瓦乔和他的朋友们居然神秘地被保释了。这是一次幸运的逃脱——显然背后是有权有势者介入其中。

但他的好运气到此为止。判决后,他离开了罗马。他郑重其事地前往意大利中部东海岸的洛雷托朝圣。传说,11世纪至13世纪十字军东征时,天使把圣母在拿撒勒的住处搬到了这里。洛雷托的圣母将会是他下一件祭坛画的主题,他要为创作做些"研究",这也成为他逃离罗马在此避风头的冠冕堂皇的理由。

一年后他返回罗马,创作了《洛雷托圣母》,这是他最平静也最动人的作品之一。光脚的圣母站在门槛上,面前是两个疲乏的朝圣者,他们跪在圣母面前祈祷——就像观看这幅祭坛画的观众一样。观众如果跪着观看,他们的视线正好停在朝圣者脏乎乎的脚的位置。教会赞助者对脚相当不以为然。卡拉瓦乔已经有两幅祭坛画被订件方拒绝,因为画中不得体地暴露出了脚。但他并未吸取教训,又或者他是故意为之。禧年之前的罗马,教会刻意不想让人把注意力落在穷苦人身上。但卡拉瓦乔偏要在画中画满他们,这些人就是仰望这幅画的劳苦大众,卡拉瓦乔还在画中给他们赋予了某种特权角色。这是一个双脚很脏的穷人,他的手距离圣婴的脚趾只有一寸之遥。最令人惊讶的是圣母:她不仅是穷人,而且特别像当地一个名叫莱娜的妓女,卡拉瓦乔的一位朋友和传记作者曾将其描述为"他爱着的一个高级妓女"。

洛雷托圣母

卡拉瓦乔,约1604

布面油画
260厘米×150厘米

愈演愈烈的暴脾气

　　卡拉瓦乔怒气冲冲地回到罗马，准备开始决斗。1604年4月，在他最喜欢的那家摩洛人酒吧（Osteria del Moro），卡拉瓦乔因为桌上的洋蓟与某位招待发了点小口角，最后他抄起盘子砸向了招待。受伤的招待报了官，但卡拉瓦乔又一次逃脱了，这次似乎又是红衣主教德尔·蒙特介入其中，平息了事端。10月，他再次被捕——这次是因为朝警察投掷石块——他请求一个朋友代表他拜访红衣主教。当夜，他在牢房中吹嘘自己明天就会被释放。事实确实如此。一个月后，他再次被捕——这次是因为侮辱某位官员。

　　卡拉瓦乔屡屡以身试法，这似乎已经不只是年轻人的胡闹了。尽管这种暴力行为已成为他生命中的荣誉代码，但它们也太频繁了，已不仅仅是时代征候了。1605年夏，他再次出现在法庭：原因是损毁前房东太太的房门以及朝她投掷石块；还有在同

一位名叫莱娜（很可能就是曾当过他笔下的圣母玛利亚的那位莱娜）的女子争吵时，对一位公证人造成严重的人身伤害。

同卡拉瓦乔的名字一同出现在法庭记录中的，还有一大堆熟悉的名字：妓女莱娜和费丽德，以及一大帮卡拉瓦乔挚爱的、同时也爱惹是生非的朋友们。此外还有竞争者的名字，最著名的当数拉努乔·托马索尼（Ranuccio Tomassoni）。有一种说法，卡拉瓦乔和托马索尼都是低级男妓，他们为夺权而争风吃醋。他们的竞争也是一种简单的、旧式的情爱争斗。比如费丽德，她是妓女，也是托马索尼的情人，又是卡拉瓦乔最喜欢的模特。我们之所以知道费丽德曾委身于托马索尼（至少是一段时间），是因为1600年，她曾抓到托马索尼和另一个女人在一起，费丽德对她大打出手并威胁要用刀子将她毁容。既是情人也是妓女，费丽德身处潜在危机的漩涡之中。危机终于在1606年夏天爆发。

黄昏时的决斗

1606年5月28日,在战神广场附近的网球场,卡拉瓦乔遇到了拉努乔·托马索尼。这一场地似乎就是专为非法决斗而存在的。

离开

卡拉瓦乔犯下了终极罪行：谋杀。这一次，任何贵族势力都帮不了他了。他被判处"死刑"，教皇国（领域遍及东西海岸之间，覆盖整整四分之一的意大利半岛）境内任何人都可以合法地将他处死。

卡拉瓦乔必须逃离罗马和教皇国，而且要快。一定有人帮他——此人既有社会关系，也有收买贿赂的财力，而且肯在如此危急关头，冒如此大的风险而不求回报。这个人很可能是他最初的保护人：康斯坦扎·科隆纳。

卡拉瓦乔逃走时随身只带了些作画工具，可能还带上了他的狗，这也许是他生命中唯一无权做出评判的生命体。他甚至把那幅尚未出售的杰作——《圣母之死》——都丢弃了。画中的圣母已然死了，她的尸体已经微微肿胀发白，腿已变得僵硬，只留下一群爱戴她的信众默默地哀悼。这幅画原本是为阶梯圣母教堂（Santa Maria della Scala）定制，但教堂拒绝接受，有人指责画中圣母看起来像是"贫民窟中肮脏的妓女"。此前，卡拉瓦乔就曾超越当时人们的底线，而这幅画更是个极端例子：圣母可能取材于某个淹死在台伯河中的妓女的尸体，圣母的面容则用的是妓女莱娜的脸，以前莱娜就曾为他画中的圣母当过模特。教堂拒收的另一个原因是，作者此时已经成了在逃杀人犯。

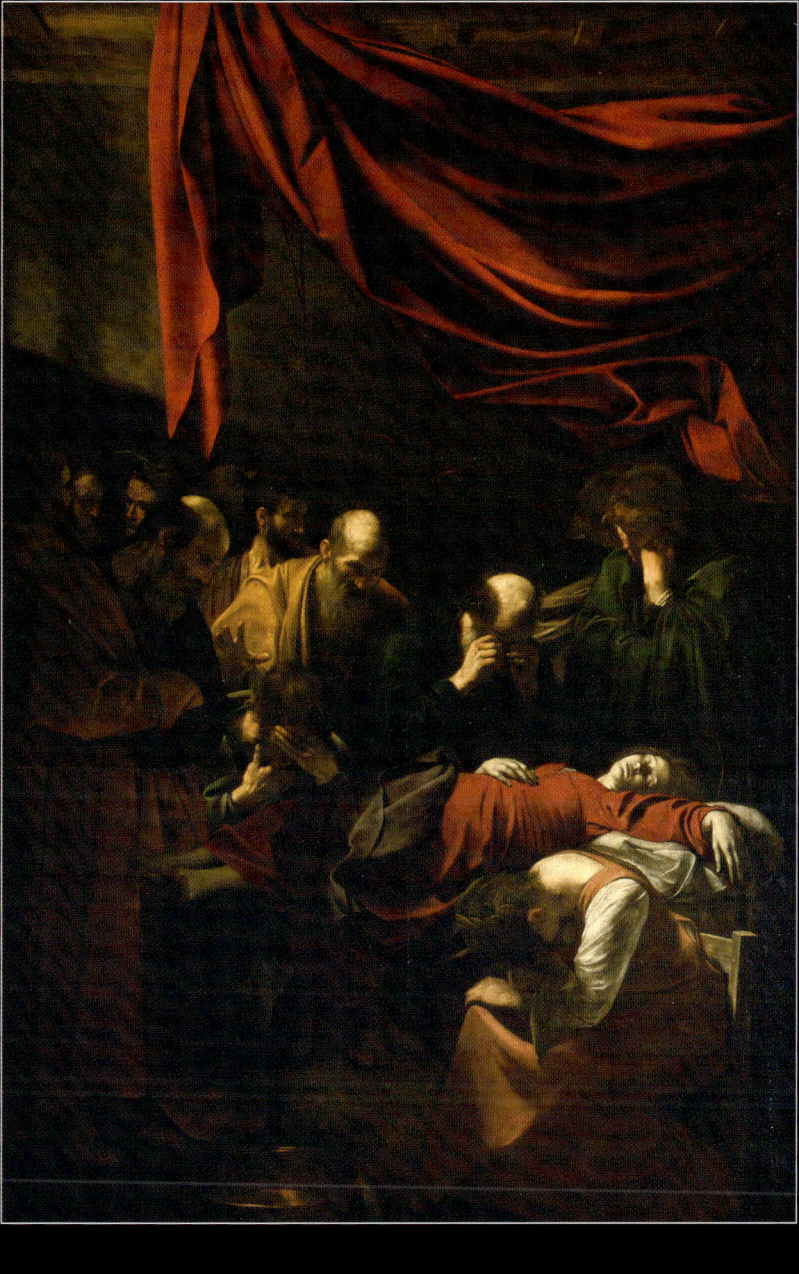

圣母之死

卡拉瓦乔,约1605—1606

布面油画

369厘米×245厘米

卢浮宫,法国巴黎

重生

卡拉瓦乔逃到罗马南部的阿尔巴诺丘陵，这一次，可能又是因为科隆纳家族的庇护，他们在扎加罗洛（Zagarolo）和帕莱斯特里那（Palestrina）都有基地，卡拉瓦乔在此潜伏下来，期望很快获得宽恕。然而，天不遂人愿。至1606年秋，希望越来越渺茫，卡拉瓦乔开始打算新的生活了。或许在康斯坦扎·科隆纳的帮助下，他卖掉了正在创作的一幅画的副本，打算靠这些钱坐船去那不勒斯，在那里与切科汇合，后者或许已在科隆纳位于那不勒斯的宅邸中安顿下来。

此时的那不勒斯有罗马的三倍大，是欧洲重要的国际性重镇。它是地中海沿岸最繁华的贸易中心，由此迅速发展起来。这个城市迫不及待地想用新财富购买艺术来装点自身，因此把卡拉瓦乔当做天赐的礼物而绝非逃犯——他的赫赫盛名在于他是一位画家，而非杀人犯。那不勒斯人将卡拉瓦乔保护起来，令其为他们服务，订件也如潮水般源源涌来。他在这里的第一件作品就得到200块银币的合理价格，第二件就开始要双倍价格。还不到两个月，就在他刚画完第二件作品后，买家都迫不及待地出价2000块银币求购。

与此同时，在罗马，《圣母之死》被人买走了。年轻的佛兰德斯画家鲁本斯此时正在罗马，他被卡拉瓦乔的作品彻底折服。他帮佛兰德斯的某个赞助人将此画护送回国，但众多罗马画家趁作品出城之际争相目睹此画，竟然导致延误了船期。

而在那不勒斯，这位在逃的谋杀犯和公众的宠儿陷入了疯狂的创作。卡拉瓦乔的下一件订件《鞭笞基督》竟在十周内完成。早已被其征服的那不勒斯城再一次震惊了。他们从未见过这样一种将美和残酷完美结合的、动人心魄的画作。它既令人震惊，又显得那么真实可信，它一夜之间就改写了那不勒斯的绘画发展史。

尽管在那不勒斯取得了成功，但卡拉瓦乔仍打算南下马耳他。为何要前往这样一个由马耳他骑士团统辖的军事前哨，至今仍是个谜。连切科都认为马耳他实在太远，而决定留在那不勒斯，而卡拉瓦乔还是在1607年独自踏上了旅程。

马耳他

　　马耳他不是个吸引人的地方。它孤悬于地中海上，夹在西西里岛和北非海岸之间，是基督教国家和强大的伊斯兰奥斯曼帝国对峙的军事前哨。这里由马耳他骑士团掌管，其前身来自十字军和位于中东的十字军王国。几百年前，十字军王国覆灭后，骑士团幸存下来，至17世纪，它已经成为天主教会下属的一支由精英和高素质军队组成的团体。这些骑士仍然实行严格的军事化管理。

　　卡拉瓦乔为自己设想的大胆而长远计划是，同骑士们搞好关系，然后成为他们中的一分子。不幸的是，这条路障碍重重。首先，他是个通缉在逃的重犯。其次，哪怕他在道德层面毫无瑕疵，但他不是贵族，只有贵族才有资格进入骑士团。但卡拉瓦乔也有自己的优势：他的艺术才华和作为著名画家的声望。他知道骑士团极其渴望得到艺术品——事实上，卡拉瓦乔也不是第一个逃亡到此的艺术家。他想得到骑士的荣誉称号，很可能只是为了其中的便利，而不是地位。正因如此，他遇到了第三个障碍。

排除万难的骑士

骑士团总团长阿洛夫·德·魏格纳克特（Alof de Wignacourt）此时正打算取缔授予"荣誉称号"的做法，他认为此类行为滋养贪腐，从而有损骑士团的声望。日后他注定将会后悔，当年为何竟然被卡拉瓦乔说服了让他加入骑士团。

魏格纳克特想为骑士团增添文化资本，而卡拉瓦乔恰恰就能提供。卡拉瓦乔在三个月内就为总团长绘制了一幅肖像，1607年底，魏格纳克特写信给教皇，请求特别赦免一个"具有美德的人"，使之成为骑士，哪怕他曾经"在斗殴事件中犯下了杀人罪"。教皇出人意料地答应了这个请求。卡拉瓦乔终于排除万难实现了愿望。作为回报，他必须以新人的身份待上一年，并为骑士团教堂绘制关于守护圣徒的祭坛画。

卡拉瓦乔选择的题材是施洗约翰的殉难，准确地说，描绘的是刽子手（笨拙地执行圣约翰的斩首）正拿着刀子要把圣约翰的头砍下来。卡拉瓦乔没有把这个动作单独放大重点描绘，而是把真人大小的这群人聚在画面的一边，光从一边照过来，却没有影子。空间令一切都静止不动，仿佛定格了一样。每个人都在观看，恰是观看本身令他们定格在惊恐之中。很多人都认为这幅画是17世纪最伟大的作品。这也是卡拉瓦乔唯一署名的作品：近距离仔细看圣约翰脖子上喷溅出的血，边上写着卡拉瓦乔的名字。

此画获得了巨大成功。1608年7月，卡拉瓦乔被授予金链子，准许加入骑士团。他实现了自己的计划。如今已身为骑士团的一员，他必须遵守骑士的行为准则。即，从此不得再打架斗殴、出言不逊，以及在性方面的不检点。更糟的是，作为新人，未经允许不得擅自离开本岛。卡拉瓦乔，这个从一开始就放荡不羁，哪怕忍饥挨饿也要追求自由的人，如今却要彻底听命于总团长的差遣。

几周后，就在画作即将揭幕的前两天，风琴演奏者普洛斯彼罗·科皮尼（Prospero Coppini）的家中发生了一场斗殴，一名高级骑士受了重伤。这一事件逃不过官方的追查，而肇事者——卡拉瓦乔也包括在内——统统被投入骑士团最坚固的监牢。当骑士团庆祝他们新的祭坛画时，卡拉瓦乔则独自在监牢中受苦。卡拉瓦乔失意万分，他忍无可忍了。

施洗约翰被斩头
卡拉瓦乔, 1608

布面油画
361厘米×520厘米
圣约翰教堂，马耳他瓦莱塔

逃跑的艺术家
他完成了不可能完成的任务：逃离了监狱，逃离了马耳他。骑士们都快疯了，这所监狱是坚不可摧的。他是怎么做到的？即便翻过了墙（人们后来发现了一根绳子），也必须有船在海上接应他才行。看来即便在马耳他，他也有值得信赖的朋友。

骑士团必然责令士兵们必须将卡拉瓦乔捉拿归案。不难想象，魏格纳克特必然又气又怒。他必然想以公正的方式为骑士团讨回声誉。但如果无法实现，他就将实施复仇计划。

西西里

　　骑士没能抓到他——他已经在逃往西西里的路上——于是只能靠对他缺席审判来发泄愤怒。讽刺的是，这次审判就在教堂进行，而被告席正巧就在卡拉瓦乔的那幅《施洗约翰被砍头》画下。法官在此宣读了判决：把卡拉瓦乔"驱逐出马耳他骑士团，他已如一头腐烂害病的羔羊"。这一次，他彻底孤立无援了。

　　卡拉瓦乔在教皇国被判处重罪，此时又惹怒了当时最有势力、最具影响力的军事宗教团体——或许还是全欧洲最有势力的贵族关系网。卡拉瓦乔只能投靠他的老朋友马里奥·明尼蒂，这个西西里人曾给他的《酒神巴库斯》做过模特，还曾在塞萨利的画室中把他从致命的高烧中解救出来。明尼蒂从没让卡拉瓦乔失望过。

　　明尼蒂刚从罗马回来，在西西里的锡拉库扎成功地开起了一家画室，成了社交圈中受人尊敬的人物。他收留了卡拉瓦乔，据18世纪早期的一份文献记载，他还极力向市政府推荐这位"意大利最好的画家"，为他招揽订件。卡拉瓦乔努力完成这些任务，但他变得更加我行我素、焦躁不安。他的行为举止比往常更加古怪：用木盘吃东西、和衣而眠、手中时常紧紧攥着剑或匕首，还养了一条看家的狗，取名叫乌鸦。

趾高气扬的流浪者

他在明尼蒂那里待了八个月，完成了这幅《圣露西的葬礼》，但连上光油都还没上，他就悄然离去。他来到西西里最北端的墨西拿，这又是一个生机勃勃的港口城市，他希望在那里招揽更多的订件。在这里，他的乖僻个性愈发不可收拾。这段时间他过得有点反常，他似乎没有交一个朋友，也没留下逸闻奇事。他孤身一人，开始抨击一切宗教信仰（这是一种非常危险，甚至是不可理喻的状态）。他拒绝教堂的圣水，宣称没有什么能洗刷自己犯下的罪恶。

然而他依旧坚持作画。他又拿出往日那副自吹自擂的做派，到处宣称自己是马耳他骑士。他一定是想当然地认为自己那段不光彩的往事已经烟消云散了。即便如此，卡拉瓦乔的行为也过于大胆，甚至极端愚蠢，因为马耳他骑士团成员绝不仅限于马耳他岛，整个欧洲都能发现他们的踪迹，尤其是那些位高权重者。看来即便在如此窘迫的处境中，卡拉瓦乔也还是想试试运气。

他的自信源于他仍有一个变通计划（康斯坦扎·科隆纳可能在其中起了作用），他还是想得到教皇的赦免。教皇的侄子、受信任的顾问、红衣主教西皮奥内·博尔盖塞（Scipione Borghese）是个狂热的收藏家。当年卡拉瓦乔逃离罗马之时，博尔盖塞不惜撕下正直的面具，不择手段地攫取未经出售的卡拉瓦乔的作品。听说朱塞佩·塞萨利的收藏中至少有两件卡拉瓦乔早期作品，博尔盖塞便报了个很低的价格想占为己有。塞萨利拒绝出售，博尔盖塞便以伪造罪控告塞萨利。趁塞萨利身陷囹圄之际，博尔盖塞强占了他所有的收藏，那两幅卡拉瓦乔的作品至今仍收藏在博尔盖塞博物馆。科隆纳家族与博尔盖塞有交往，所以康斯坦扎和卡拉瓦乔或许想利用博尔盖塞对卡拉瓦乔的兴趣，以及许诺给他更多的作品来换取庇佑——也只有教皇的侄子能从教皇那里拿到赦免。

与此同时，在墨西拿，人们开始为卡拉瓦乔打起了竞价战。其中一个家族，拉扎莱蒂家族（Lazzaretti）愿意为《拉撒路的复活》祭坛画支付1000银币——真是天壤之别，早在1595年，德尔·蒙特为此才支付了8个银币。即便是同罗马那些更有声望的订件相比，此时的卡拉瓦乔真的只有达官显贵才能消费得起了。

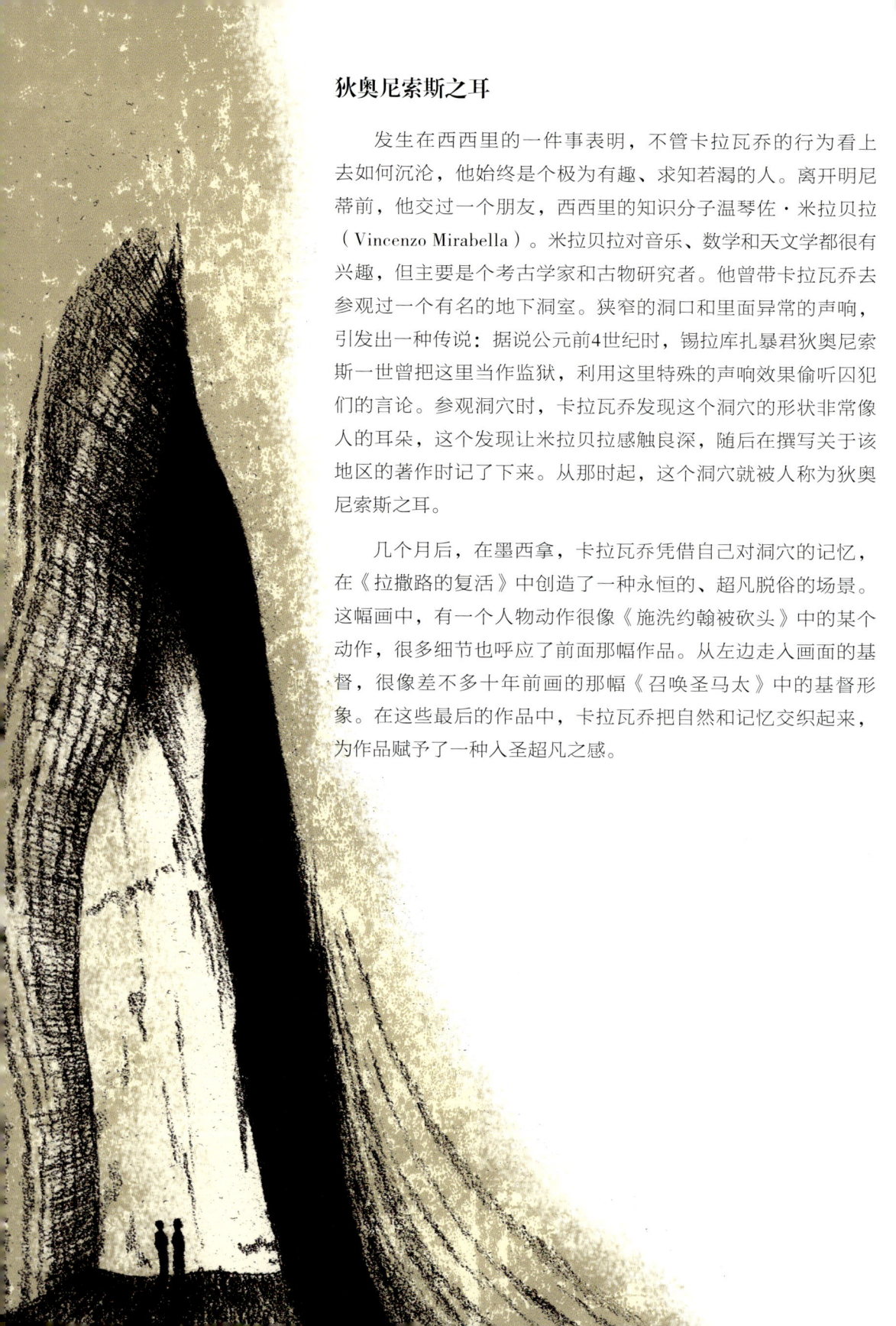

狄奥尼索斯之耳

发生在西西里的一件事表明,不管卡拉瓦乔的行为看上去如何沉沦,他始终是个极为有趣、求知若渴的人。离开明尼蒂前,他交过一个朋友,西西里的知识分子温琴佐·米拉贝拉(Vincenzo Mirabella)。米拉贝拉对音乐、数学和天文学都很有兴趣,但主要是个考古学家和古物研究者。他曾带卡拉瓦乔去参观过一个有名的地下洞室。狭窄的洞口和里面异常的声响,引发出一种传说:据说公元前4世纪时,锡拉库扎暴君狄奥尼索斯一世曾把这里当作监狱,利用这里特殊的声响效果偷听囚犯们的言论。参观洞穴时,卡拉瓦乔发现这个洞穴的形状非常像人的耳朵,这个发现让米拉贝拉感触良深,随后在撰写关于该地区的著作时记了下来。从那时起,这个洞穴就被人称为狄奥尼索斯之耳。

几个月后,在墨西拿,卡拉瓦乔凭借自己对洞穴的记忆,在《拉撒路的复活》中创造了一种永恒的、超凡脱俗的场景。这幅画中,有一个人物动作很像《施洗约翰被砍头》中的某个动作,很多细节也呼应了前面那幅作品。从左边走入画面的基督,很像差不多十年前画的那幅《召唤圣马太》中的基督形象。在这些最后的作品中,卡拉瓦乔把自然和记忆交织起来,为作品赋予了一种入圣超凡之感。

致命错误

　　1609年秋，康斯坦扎·科隆纳再次挥动她的魔法棒，试图驱散卡拉瓦乔身上的麻烦。她试图通过西皮奥内·博尔盖塞获得一份对卡拉瓦乔的赦免，并似乎已经从魏格纳克特那里得到了非官方的赦免文件。她的儿子、败家子法布里奇奥（Fabrizio）就曾于1602年以"特别流放"的方式被送到了马耳他，加入了骑士团，甚至还被提升为大委员会的成员。卡拉瓦乔倒还算乐观——他重新回到主岛，搬到了康斯坦扎位于那不勒斯的宫殿，也开始在城中不断露面。他的自信其实都是幻想。

　　他出现的消息不胫而走。或许，他认为自己之前的罪行已得到了宽恕；或许，他觉得康斯坦扎的势力能保护他；又或许，他厌倦了东躲西藏的日子。不管怎样，他决定走入公众视野。1609年10月中，他出现在艺术家和诗人们喜欢的某个粗鄙的酒吧（Osteria del Cerriglio）。他离开酒吧的时候，一个人或几个人以他当年攻击年轻艺术家斯帕帕的方式伏击了他。这一次，他们得手了。卡拉瓦乔被他们划破了脸，他们在他脸上划下了一道精心设计的复仇痕迹。这是一次致命的袭击：他的健康状况急转直下，他也放弃了奋斗的心气。

　　关于攻击他的人，人们有各种猜测，但始终无法确定凶手。不太可能是魏格纳克特亲自策划了此事，但很可能是1608年马耳他那场斗殴中被卡拉瓦乔所伤的那位骑士所为。当然，也有可能是托马索尼帮为报复当年的事而找人干的。考虑到卡拉瓦乔的个性，也有可能仅仅是当天在那不勒斯街头与之发生争端的某个无名之辈所为。我们永远无法知道真相。我们只知道，这件事或多或少把这位伟大艺术家送向了坟墓。

每况愈下

随后的几个月,卡拉瓦乔一直都在与病痛做斗争。他一定是在康斯坦扎的府邸中受到精心照料,因此,很可能在那里完成了最后的几幅画作。也正是在那里,他开始实施重返罗马的计划,此时距离他逃出罗马已有三年了。关于这一计划的缘由有各种奇怪的猜测,但最重要的催化剂可能是,康斯坦扎·科隆纳和西皮奥内·博尔盖塞已经着手从教皇那里获取赦免令了。

1610年7月9日,卡拉瓦乔动身前往罗马。他乘坐的是一艘传统的木制三桅小帆船,名叫圣母玛利亚号(Santa Maria di Polo Salvo),他认识和信任该船船长,在船舱里存放了三幅珍贵的画作。显然,这些画作将要献给西皮奥内·博尔盖塞,是获取赦免的交易筹码。卡拉瓦乔的作品不仅是他的财富,也是他祈求蒙恩的筹码。不幸的是,几天后,一切都变成了可怕的错误。

该船按照既定线路停泊在名为帕罗(Palo)的要塞港,突然发生了骚乱,卡拉瓦乔不幸被拘留。港口的卫戍士兵不了解此人是教皇答应赦免的对象,而卡拉瓦乔又故态复萌,拿出一贯的好战态度,开始无理取闹。不管什么原因,士兵们逮捕了卡拉瓦乔,而船长竟然因为害怕惹麻烦,径自离港出海。卡拉瓦乔被羁留了很长时间,等到他连哄带骗外加贿赂地走出监狱时,那艘载着他那些珍贵画作——能给他带来自由的唯一希望——的船早已远去。

卡拉瓦乔的身体尚未从那不勒斯人那次袭击中康复过来,但他仍然坚持认为自己唯一的选择是追上那条船。巴廖内在传记中说,精神错乱的卡拉瓦乔绝望地沿着海岸追赶着那艘船。但这极不可信,卡拉瓦乔根本不可能靠徒步——他本来身体状况就很差,还必须在两天内赶50公里的路。最有可能的是,他在7月中旬的烈日下骑马出发,他骑的是那种在军事岗哨间穿行的驿马。他径直赶往埃尔科莱港(Porto Ercole),这是罗马北部的另一个要塞,他一定知道这是那艘船最终的目的地。我们可以假设,因为卡拉瓦乔不在船上,那艘船也就无须停经罗马。他要做的,就是在它返回那不勒斯之前尽快赶上那艘船,找回那些珍贵的画作。

最后的三联画
卡拉乔及时赶到了埃尔科莱港。他或许成功地找到了船,但他筋疲力尽,竟然发起了高烧。他一无所有,在一处陌生的海滨孤独地死去。当地牧师此时正在罢工,他被草草葬在一处无名墓地,连最简单的仪式都没有。

听到卡拉瓦乔如此突然的死讯,连西皮奥内·博尔盖塞也不禁唏嘘不已。人生的最后时刻竟有如此戏剧性的故事,在一定程度上也确立了卡拉瓦乔的声誉,至少在现代人眼中,这是天才最极端的殉道方式。很快人们就开始讨论,谁有资格得到他那些最终的、未被出售的作品。

关于卡拉瓦乔最后时光的各种版本迅速在坊间流传开来。卡拉瓦乔在海岸边疯跑的意象最能激发流言蜚语,也最能令传记作家们大做文章。他刚刚躺进坟墓不久,自己的生平传奇就被人用一种其他的方式讲述成一件最大的艺术品。

在这幅卡拉瓦乔最后的自画像中,他把自己黝黑蓄须的形象演绎成画中被斩首的歌利亚的头颅,令人充满了无尽的遐想。人们曾错把它当成1610年的作品——即生命的最后一年——但实际上从1606年或1607年他被流放时起就开始创作了。这是最终落入西皮奥内·博尔盖塞之手的几幅画作之一,当时卡拉瓦乔可能在墨西拿,正在设法寻求教皇的赦免。卡拉瓦乔在画中倾注了所有的人类体验:暴力、激情、纯真、忧伤、残忍以及失败。大卫柔和而又厌恶地低头看着歌利亚的头颅,脖子处还往外流血。歌利亚眼中流露着惊恐的神情,就像当年美杜莎一样,他意识到了自己的死亡。但与之前的作品不同,这幅画中的一切,包括情感都被简化到最本质的层面。在如此戏剧化的光影布置下,人们很难忽视画中的这两个人物,而这或许恰恰代表了卡拉瓦乔对于自身个性两方面斗争的某种决断。

如今,许多人将卡拉瓦乔称为首个"现代"艺术家。有一点是毫无疑问的:他的艺术打破了几个世纪以来艺术家把现实转化为理想化版本的旧式传统。他常常在画中注入戏剧性的元素,也从不羞于表现情感、丑陋、贫穷、绝望等人生百态。正因如此,无论是生前还是死后,人们对他的评价都分为对立的两派。17世纪法国伟大的学院派画家尼古拉·普桑曾说,卡拉瓦乔"生来就是为了摧毁绘画的"。他的意思可能是,卡拉瓦乔的影响力遍及整个欧洲,从罗马到巴黎到阿姆斯特丹,到处都是他的模仿者。他们人数众多,被称为"卡拉瓦乔派"(Caravaggisti)。他们推崇卡拉瓦乔的戏剧化的直接性、他的光影效果和坚韧勇敢。他直接影响了一代又一代艺术大师:鲁本斯、伦勃朗、委拉斯凯兹、维米尔等。受他启发者更是数不胜数:从新古典主义大师大卫和浪漫主义初期的籍里柯到电影导演皮埃尔·保罗·帕索里尼和马丁·斯科塞斯等。卡拉瓦乔在当代依然焕发着魅力——他是一面

手提歌利亚头颅的大卫

卡拉瓦乔,约1606—1607

布面油画

125厘米×101厘米

致 谢

我首先要感谢唐纳德·丁威迪和伊克尔·斯珀齐奥对本书的贡献。此外还要感谢D. W. 威尔逊以及海外艺术史公司（Art History Abroad）的玛丽娜·汉密尔顿-贝利和尼克·罗斯。

参考文献

Gilbert, Creighton E. *Caravaggio and His Two Cardinals*. University Park: Pennsylvania State University Press, 1995.

de Giorgio, Cynthia, and Keith Sciberras. *Caravaggio and Paintings of Realism in Malta*. Valletta: Midsea Books, 2007.

Graham-Dixon, Andrew. *Caravaggio: A Life Sacred and Profane*. London: Penguin, 2010.

Langdon, Helen. *Caravaggio's Cardsharps: Trickery and Illusion*. New Haven: Yale University Press, 2012.

Moffitt, John F. *Caravaggio in Context: Learned Naturalism and Renaissance Humanism*. Jefferson: McFarland and Co., 2004.

Sciberras, Keith, and David M. Stone. *Caravaggio: Art, Knighthood, and Malta*. Valletta: Midsea Books, 2006.

Spinosa, Nicola (ed.). *Caravaggio: The Final Years*. Naples: Electra Napoli, 2005.

Strinati, Claudio (ed.). *Caravaggio*. Milan: Skira, 2010.

Varriano, John. *Caravaggio: The Art of Realism*. University Park: Pennsylvania State University Press, 2006.

Vodret, Rossella (ed.). *Caravaggio's Rome: 1600–1630*. Milan: Skira, 2012.

Back cover quote: Robert Hughes, 'Art: Master of the Gesture. At the Metropolitan, Caravaggio's turbulent genius', *Time*, March 11, 1985.

图片版权

4 akg-images/Rabatti – Domingie; **10** Photo Scala, Florence – courtesy of the Ministero Beni e Att. Culturali; **15** © Quattrone, Florence; **18** akg-images / Erich Lessing; **23** Photo Scala, Florence; **24** De Agostini Picture Library / © Veneranda Biblioteca Ambrosiana – Milano/Bridgeman Images; **30** akg-images / Andrea Jemolo; **33** Photo Scala, Florence – courtesy of the Ministero Beni e Att. Culturali; **36** © Quattrone, Florence; **37** © Vincenzo Pirozzi, Rome fotopirozzi@inwind.it; **38** Alinari Archive, Florence; **40** Vatican Museums; **41** © Quattrone, Florence; **42** Raffaello Bencini / Alinari Archives, Florence; **45, 46, 47** © Vincenzo Pirozzi, Rome fotopirozzi@inwind.it; **49** Photo Scala, Florence / bpk, Bildagentur für Kunst, Kultur und Geschichte, Berlin; **51** 2007 Alessandro Vasari, Rome – Reproduced with the permission of Ministero per i Beni e le Attività Culturali / Alinari Archive, Florence; **53** © Araldo De Luca, Rome; **59** akg-images / Pietro Baguzzi; **60** Photo Scala, Florence / Fondo Edifici di Culto – Min. dell'Interno; **64** Photo Scala, Florence; **71** Photo Scala, Florence – courtesy of the Ministero Beni e Att. Culturali; **79** © Vincenzo Pirozzi, Rome fotopirozzi@inwind.it

文字作者

安娜贝尔·霍华德（Annabel Howard）是《这就是康定斯基》（2015年）和《艺术幻想》（合著，2016年）的作者，她拥有艺术史和传记写作的学位，在英国和意大利的博物馆从事教学工作。她还为《glass》《白色评论》《旁观者》等杂志撰写文章。

插画作者

伊克尔·斯珀齐奥（Iker Spozio）是一位插画师、版画家和油画家，目前生活并工作于西班牙。他的作品经常出现于世界各地的出版物上，但他主要活跃于音乐领域，为世界各地的独立唱片公司设计作品。

译者简介

吴啸雷，杭州人。毕业于浙江大学心理学系、北京大学艺术学系。曾供职于中国美术家协会，现为自由学人，主要研究领域为西方古典艺术和当代艺术。译有《艺术史写作原理》（合译）、《艺术的终结》等。